海上絲綢之路基本文獻叢書

四譯館增定館則（中）

〔明〕吕維祺 輯

文物出版社

圖書在版編目（CIP）數據

四譯館增定館則．中 /（明）吕維祺輯．-- 北京 ：文物出版社，2022.6
（海上絲綢之路基本文獻叢書）
ISBN 978-7-5010-7534-8

Ⅰ．①四… Ⅱ．①吕… Ⅲ．①中國歷史－史料－明清時代 Ⅳ．①K248.06

中國版本圖書館 CIP 數據核字（2022）第 065603 號

海上絲綢之路基本文獻叢書

四譯館增定館則（中）

著　　者：〔明〕吕維祺
策　　划：盛世博閲（北京）文化有限責任公司

封面設計：鞏榮彪
責任編輯：劉永海
責任印製：張道奇

出版發行：文物出版社
社　　址：北京市東城區東直門内北小街 2 號樓
郵　　編：100007
網　　址：http://www.wenwu.com
郵　　箱：web@wenwu.com
經　　銷：新華書店
印　　刷：北京旺都印務有限公司
開　　本：787mm×1092mm　1/16
印　　張：12.875
版　　次：2022 年 6 月第 1 版
印　　次：2022 年 6 月第 1 次印刷
書　　號：ISBN 978-7-5010-7534-8
定　　價：92.00 圓

總緒

海上絲綢之路，一般意義上是指從秦漢至鴉片戰争前中國與世界進行政治、經濟、文化交流的海上通道，主要分爲經由黄海、東海的海路最終抵達日本列島及朝鮮半島的東海航綫和以徐聞、合浦、廣州、泉州爲起點通往東南亞及印度洋地區的南海航綫。

在中國古代文獻中，最早、最詳細記載『海上絲綢之路』航綫的是東漢班固的《漢書·地理志》，詳細記載了西漢黄門譯長率領應募者入海『齎黄金雜繒而往』之事，書中所出現的地理記載與東南亞地區相關，并與實際的地理狀況基本相符。

東漢後，中國進入魏晉南北朝長達三百多年的分裂割據時期，絲路上的交往也走向低谷。這一時期的絲路交往，以法顯的西行最爲著名。法顯作爲從陸路西行到印度，再由海路回國的第一人，根據親身經歷所寫的《佛國記》（又稱《法顯傳》）一書，詳細介紹了古代中亞和印度、巴基斯坦、斯里蘭卡等地的歷史及風土人情，是瞭解和研究海陸絲綢之路的珍貴歷史資料。

隨着隋唐的統一，中國經濟重心的南移，中國與西方交通以海路爲主，海上絲綢之路進入大發展時期。廣州成爲唐朝最大的海外貿易中心，朝廷設立市舶司，專門管理海外貿易。唐代著名的地理學家賈耽（七三〇～八〇五年）的《皇華四達記》記載了從廣州通往阿拉伯地區的海上交通『廣州通夷道』，詳述了從廣州港出發，經越南、馬來半島、蘇門答臘半島至印度、錫蘭，直至波斯灣沿岸各國的航綫及沿途地區的方位、名稱、島礁、山川、民俗等。譯經大師義净西行求法，將沿途見聞寫成著作《大唐西域求法高僧傳》，詳細記載了海上絲綢之路的發展變化，是我們瞭解絲綢之路不可多得的第一手資料。

宋代的造船技術和航海技術顯著提高，指南針廣泛應用於航海，中國商船的遠航能力大大提升。北宋徐兢的《宣和奉使高麗圖經》詳細記述了船舶製造、海洋地理和往來航綫，是研究宋代海外交通史、中朝友好關係史、中朝經濟文化交流史的重要文獻。南宋趙汝適《諸蕃志》記載，南海有五十三個國家和地區與南宋通商貿易，形成了通往日本、高麗、東南亞、印度、波斯、阿拉伯等地的『海上絲綢之路』。宋代爲了加强商貿往來，於北宋神宗元豐三年（一〇八〇年）頒佈了中國歷史上第一部海洋貿易管理條例《廣州市舶條法》，并稱爲宋代貿易管理的制度範本。

元朝在經濟上採用重商主義政策，鼓勵海外貿易，中國與歐洲的聯繫與交往非常頻繁，其中馬可·波羅、伊本·白圖泰等歐洲旅行家來到中國，留下了大量的旅行記，記録元代海上絲綢之路的盛况。元代的汪大淵兩次出海，撰寫出《島夷志略》一書，記録了二百多個國名和地名，其中不少首次見於中國著録，涉及的地理範圍東至菲律賓群島，西至非洲。這些都反映了元朝時中西經濟文化交流的豐富内容。

明、清政府先後多次實施海禁政策，海上絲綢之路的貿易逐漸衰落。但是從明永樂三年至明宣德八年的二十八年裏，鄭和率船隊七下西洋，先後到達的國家多達三十多個，在進行經貿交流的同時，也極大地促進了中外文化的交流，這些都詳見於《西洋蕃國志》《星槎勝覽》《瀛涯勝覽》等典籍中。

關於海上絲綢之路的文獻記述，除上述官員、學者、求法或傳教高僧以及旅行者的著作外，自《漢書》之後，歷代正史大都列有《地理志》《四夷傳》《西域傳》《外國傳》《蠻夷傳》《屬國傳》等篇章，加上唐宋以來衆多的典制類文獻、地方史志文獻，集中反映了歷代王朝對於周邊部族、政權以及西方世界的認識，都是關於海上絲綢之路的原始史料性文獻。

海上絲綢之路概念的形成，經歷了一個演變的過程。十九世紀七十年代德國地理學家費迪南・馮・李希霍芬（Ferdinad Von Richthofen，一八三三～一九〇五），在其《中國：親身旅行和研究成果》第三卷中首次把輸出中國絲綢的東西陸路稱爲『絲綢之路』。有『歐洲漢學泰斗』之稱的法國漢學家沙畹（Édouard Chavannes，一八六五～一九一八），在其一九〇三年著作的《西突厥史料》中提出『絲路有海陸兩道』，蘊涵了海上絲綢之路最初提法。迄今發現最早正式提出『海上絲綢之路』一詞的是日本考古學家三杉隆敏，他在一九六七年出版《中國瓷器之旅：探索海上的絲綢之路》中首次使用『海上絲綢之路』一詞；一九七九年三杉隆敏又出版了《海上絲綢之路》一書，其立意和出發點局限在東西方之間的陶瓷貿易與交流史。

二十世紀八十年代以來，在海外交通史研究中，『海上絲綢之路』一詞逐漸成爲中外學術界廣泛接受的概念。根據姚楠等人研究，饒宗頤先生是華人中最早提出『海上絲綢之路』的人，他的《海道之絲路與昆侖舶》正式提出『海上絲路』的稱謂。選堂先生評價海上絲綢之路是外交、貿易和文化交流作用的通道。此後，大陸學者馮蔚然在一九七八年編寫的《航運史話》中，使用『海上絲綢之路』一詞，這是迄今學界查到的中國大陸最早使用『海上絲綢之路』的人，更多地限於航海活動領域的考察。一九八〇年北京大學陳炎教授提出『海上絲綢之路』研究，并於一九八一年發表《略論海上絲綢之路》一文。他對海上絲綢之路的理解超越以往，且帶有濃厚的愛國主義思想。陳炎教授之後，從事研究海上絲綢之路的學者越來越多，尤其沿海港口城市向聯合國申請海上絲綢之路非物質文化遺産活動，將海上絲綢之路研究推向新高潮。另外，國家把建設『絲綢之路經濟帶』和『二十一世紀海上絲綢之路』作爲對外發展方針，將這一學術課題提升爲國家願景的高度，使海上絲綢之路形成超越學術進入政經層面的熱潮。

與海上絲綢之路學的萬千氣象相對應，海上絲綢之路文獻的整理工作仍顯滯後，遠遠跟不上突飛猛進的研究進展。二〇一八年厦門大學、中山大學等單位聯合發起『海上絲綢之路文獻集成』專案，尚在醞釀當中。我們不揣淺陋，深入調查，廣泛搜集，將有關海上絲綢之路的原始史料文獻和研究文獻，分爲風俗物産、雜史筆記、海防海事、典章檔案等六個類別，彙編成《海上絲綢之路歷史文化叢書》，於二〇二〇年影印出版。此輯面市以來，深受各大圖書館及相關研究者好評。爲讓更多的讀者親近古籍文獻，我們遴選出前編中的菁華，彙編成《海上絲綢之路基本文獻叢書》，以單行本影印出版，以饗讀者，以期爲讀者展現出一幅幅中外經濟文化交流的精美畫卷，爲海上絲綢之路的研究提供歷史借鑒，爲『二十一世紀海上絲綢之路』倡議構想的實踐做好歷史的詮釋和注脚，從而達到『以史爲鑒』『古爲今用』的目的。

凡例

一、本編注重史料的珍稀性，從《海上絲綢之路歷史文化叢書》中遴選出菁華，擬出版百册單行本。

二、本編所選之文獻，其編纂的年代下限至一九四九年。

三、本編排序無嚴格定式，所選之文獻篇幅以二百餘頁爲宜，以便讀者閱讀使用。

四、本編所選文獻，每種前皆注明版本、著者。

五、本編文獻皆爲影印，原始文本掃描之後經過修復處理，仍存原式，少數文獻由於原始底本欠佳，略有模糊之處，不影響閱讀使用。

六、本編原始底本非一時一地之出版物，原書裝幀、開本多有不同，本書彙編之後，統一爲十六開右翻本。

目録

四譯館增定館則（中）

四譯館增定館則（中）

四譯館增定館則（中）

卷七至卷十二

〔明〕吕維祺　輯　〔清〕曹溶　錢綎　輯

〔清〕許三禮　霍維翰　增輯

明崇禎刻清康熙袁懋德重修本

增定館則卷之七

天中呂維祺介孺編輯

臨川章光岳仲山

東楚解學龍言卿 仝訂

屬官

十館官職名

韃靼館

徐富 大有湖廣武岡州人由譯字生進
中正德甲子科舉人歷太僕寺卿
兼翰林院侍書制勑房辦事

馬廷禎

衛海能

楊迺

徐大綸

叢恕

張祚

呂昇

袁瑯

孫綸
王壽
韓榮
顧褘
薛基
黃誥
邵鰲
張鐸
呂道爔

增定館則　卷之二　二

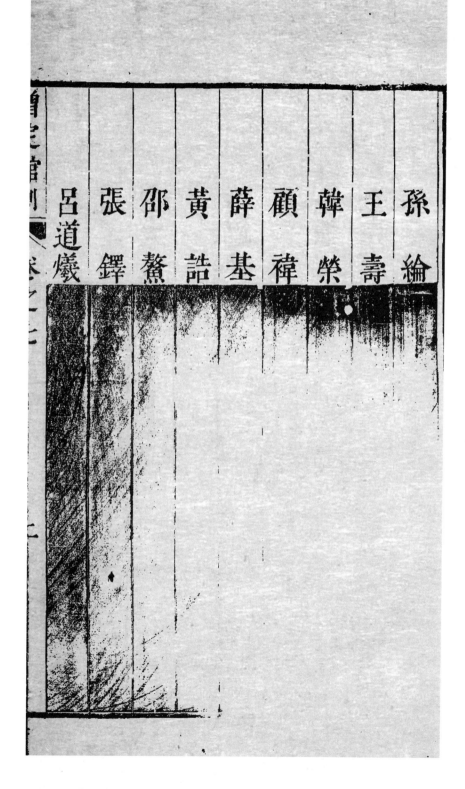

叢惪

劉大武

蕭德輝

成楫

馬繼文

金宗魯

林洲

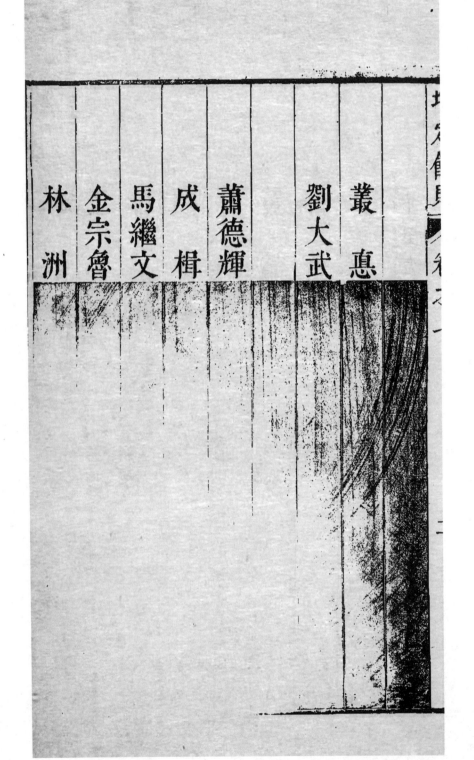

王子春仁前直隸昌黎縣人嘉靖四[illegible]
年進歷光祿寺署丞

韓學禮子立直隸永平府樂亭縣人嘉[illegible]
四十五年進歷光祿寺署丞

馬應乾子健順天府宛平縣籍山後人嘉
靖四十五年進歷上林苑監監丞
教師

叢文光汝實山東文登縣人嘉靖四十五
年進歷上林苑監監丞

馬繼志以道直隸揚州府泰州人嘉靖四
十五年進歷通政司知事制勑房
辦事

徐應誥千榮浙江山陰縣人嘉靖四十五
年進歷鴻臚寺主簿

成桂允攀順天府香河縣人嘉靖四十
五年進歷鴻臚寺主簿

叢文輝子明山東文登縣人嘉靖四十五年進歷鴻臚寺主簿

成九臯鳴遠順天府香河縣人萬曆大年進歷禮部儀制司郎中制勅房辦事

劉尚賓觀光直隸蘇州府太倉州人萬曆六年進歷通政司知事誥勅房辦事

王子龍時躍直隸昌黎縣人萬曆三十二年進歷太僕寺少卿制勅房辦事

馬鍵惟一直隸泰州人萬曆三十二年進歷禮部儀制司郎中兼翰林院典籍制勅房辦事

馮尚禮子敬順天府宛平縣人萬曆二二年進授府事府錄事誥勅

事

劉天錫 禹疇直隸長洲縣人萬曆三十三年進歷中書舍人誥勅房辦事

馬承禮 天秋直隸泰州人萬曆三十二年進歷鴻臚寺主簿教師

劉尚貞 起元直隸長洲縣人萬曆三十二年進四十六年授鴻臚寺序班歷本寺主簿教師

韓良議 衷儒直隸永平府樂亭縣人萬曆三十二年進四十三年授鴻臚寺序班歷本寺主簿教師

穆世登 子忠順天府永清縣人萬曆三十二年進四十三年授鴻臚寺序班歷本寺主簿教師

馬應龍 士醇獻陵衛籍直隸景州人萬曆三十二年進序鴻臚寺主簿教師

林如椿 子壽直隸真定縣人萬曆三十二年進授鴻臚寺序班

叢文煒 裕吾山東文登縣人萬曆三十二年進授鴻臚寺序班

叢文燦 蔚海山東文登縣人萬曆三十二年進授鴻臚寺序班

陳光復 千暘山東臨清州人萬曆三十二年進授鴻臚寺序班

陳光顯 鳴相山東臨清州人萬曆三十二年進授鴻臚寺序班

回回館

李鉦 古用山東歷城縣人弘治二年選 歷陞前軍都督府經歷教師

王祥 廷瑜陝西長安縣人弘治三年進 歷陞光祿寺署正教師

沙孝祖 德源直隸揚州府人弘治三年選 歷陞光祿寺署丞教師

福昂 仲顒順天府香河縣人正德四年 進歷光祿寺署正教師

葉蓁 文盛山東德平縣人弘治三年選 歷光祿寺署正

馬良傳 公輔山西大同縣人正德四年選 歷大理寺右寺正史館辦事

李尚質 崇本山東歷城縣人正德四年選 歷光祿寺署正教師

任鑑 世明山後人正德四年進授鴻臚 寺序班

龔良臣　德卿河南祥符縣人正德四年進授鴻臚寺序班

劉鏜　振之順天府大興縣人正德四年進授鴻臚寺序班

康世鳳　良瑞順天府薊州人弘治三年進歷大理寺右寺正制勑房辦事陞崇慶府右長史

何初　可先直隸上海縣人嘉靖十六年進歷禮部儀制司郎中兼司經局正字管典籍事制勑房辦事

李龍　乾甫山東歷城縣人嘉靖四十一年進歷光祿寺署正

李鳳來　德儀山東歷城縣人嘉靖四十七年進歷光祿寺署丞

鄒浚明　汝□浙江杭州府仁和縣人□□四十五年進歷鴻臚寺□□□□□□

蕭□之 字□□山西大同府人嘉靖四十□年進歷鴻臚寺主簿

龔□□ 字□河南□□□符縣人□□六年進授鴻臚寺序班

邵樹德 字□順天府大興縣人浙江仁和縣人萬曆三十一年□□歷太常寺少卿制勅房辦事

李如松 維喬山東歷城縣人萬曆二十□年進四十年授鴻臚寺序班歷寺主簿教習

李如梓 維用山東歷城縣人萬曆三十□年進四十三年授鴻臚寺序班歷本寺主簿教習

李允登 士達山東歷城縣人萬曆二十一年進四十三年授鴻臚寺序班

鴻臚寺志卷之一　　六

寺主簿務廳

龔允中　丁孝河南新蔡縣人萬曆三十一年進四十八年陞鴻臚寺序班

李茂春　貼前山東城縣人萬曆三十二年進授鴻臚寺序班

郭緒美　生之順天府大興縣人天啟七年進授鴻臚寺序班

西番館

趙寧

陸清

楊經

李奐

李衢

王坤

田瓚

梁繼祖

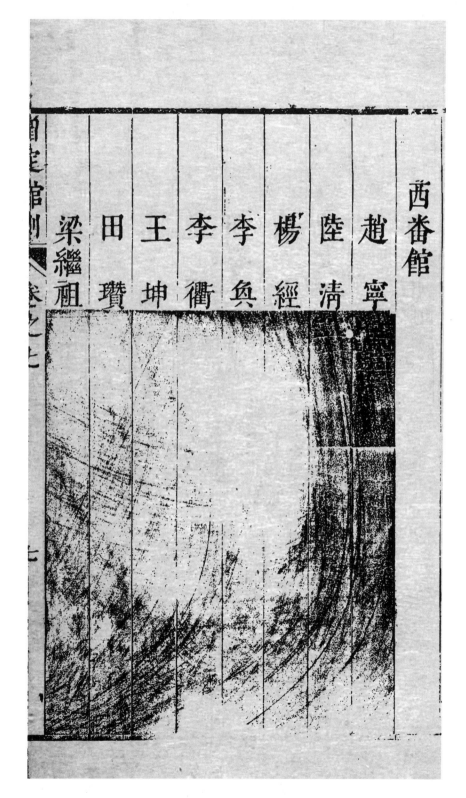

郝棨

郭宗

朱灝

范恩

祁秀民

唐儒

陳大琛

郝炬

蔡　光
楊宗傳
唐　璋
陸惟康
田　畯
李有芳

楊弘澤

王國翰

孫承爵

陸惟平

單文相

田東作

單文輔

李有本

李言 本忠山東濱州人嘉靖四十五年[illegible]
進授鴻臚寺序班

唐尚忠 汝弼直隸懷遠縣籍順天府大[illegible]
縣人萬曆三十二年進歷尚寶[illegible]
少卿制敕房辦事

袁承恩 思勳府軍左衛官籍山東滕縣人
萬曆三十二年進歷尚寶司少卿
制敕房辦事

朱國詔 君典太醫縣籍浙江寧波府鄞縣
人萬曆三十二年進歷禮部儀制
員外制敕房辦事

唐虞際 士善直隸懷遠籍順天府大興縣
人萬曆三十二年進歷禮部儀制
司員外制敕房辦事

胡永泰 大來順天府霸州籍江西鄱陽縣人萬曆三十二年進歷鴻臚寺主簿起居注館辦事

田印心 儀生武驤右衛籍直隸饒陽縣人萬曆三十二年進四十五年授鴻臚寺序班歷本寺主簿教師

楊明書 允讀錦衣衛籍順天府房山縣人萬曆三十二年進四十年授鴻臚寺序班歷本寺主簿教師

唐尚賢 汝良直隸康達籍順天府大興人萬曆三十二年進四十年授鴻臚寺序班歷本寺主簿教師

賢甫金吾右衛官籍直隸懷遠縣人萬曆三十二年進四十三年

鴻臚寺序班歷本寺主簿教師

孫光化　明教金吾右衛官籍直隸懷遠縣人萬曆三十二年進四十三年授
鴻臚寺序班歷本寺主簿教師

唐尚信　汝行直隸懷遠縣籍順天府大興縣人萬曆三十二年進歷鴻臚寺
主簿史館辦事

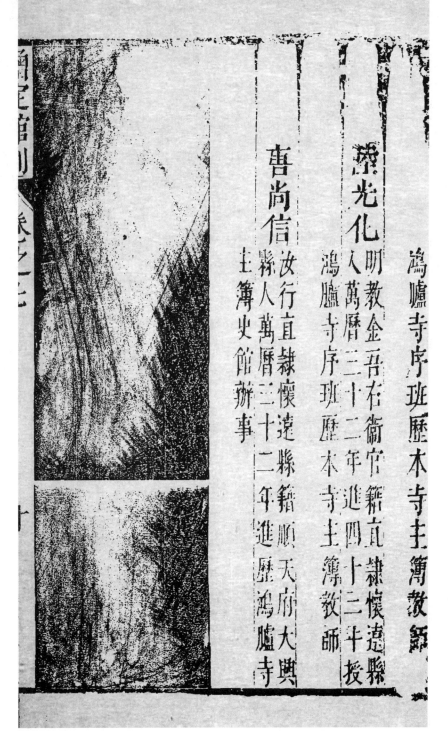

高昌館

劉幹

王翰

馬鐇

劉鰲

劉璋

李文秀

劉忠

張定

劉儒

周湲

朱釗

張紹武

張繼宗

張一元

王龍

劉廷紹

周林

李尚珎

李溥明

方崙

劉瑄

周國仕

盛從智

周大成

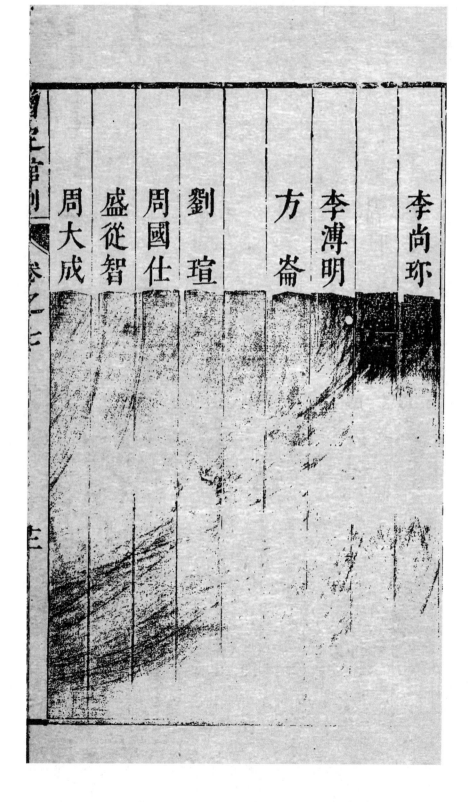

周國典

李自華

劉德

李自蔭

明華浙江慈谿人學瀆　生授

周世選鴻臚寺序班教師

方大器

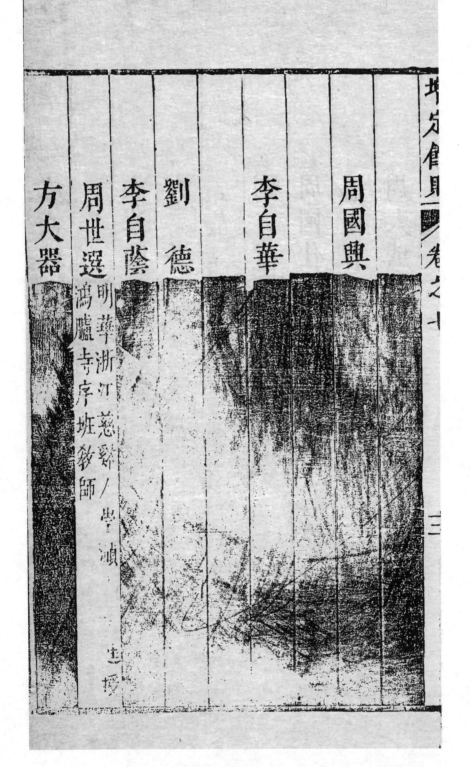

暹羅館

握悶辣

握文貼

握文鉄

握文源

鄭崇光

馬應坤

單禮

李憲

林如梓

劉佐

李懷珎

王訓

李桐

袁承澤

李春

李宣

李時芳

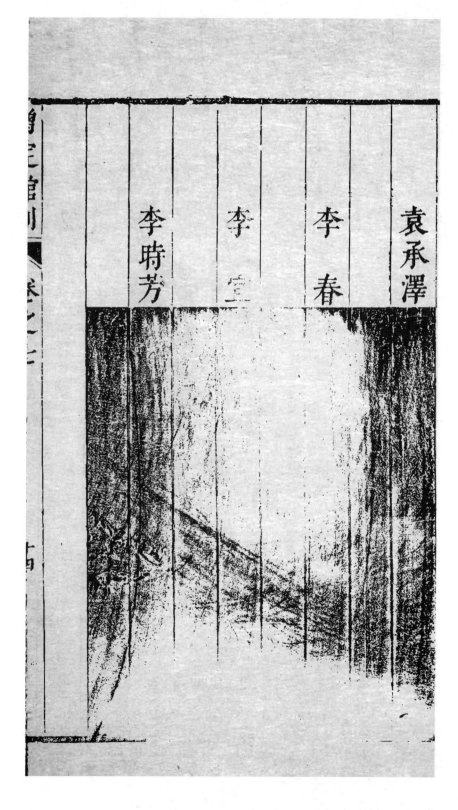

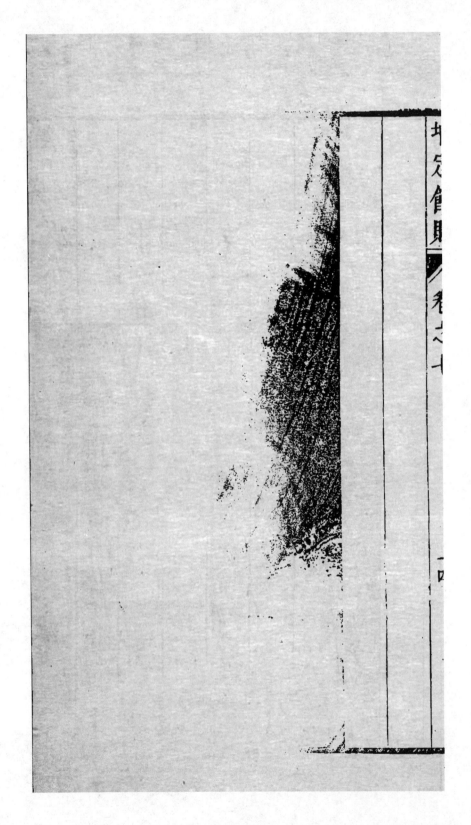

女直館

徐鑑 克明順天府昌平州人弘治三年
進歷光祿寺署正教師

張崑 伯山湖廣武岡縣人弘治三年進
歷光祿寺署正教師

李鐸 文振順天府三河縣人弘治三年
進歷光祿寺署正教師

楊紱 朝卿湖廣江陵縣人正德四年
歷中軍都督府經歷教師

李禎 朝用順天府宛平縣人正德四年
進歷鴻臚寺主簿

王寶 朝信順天府順義縣人弘治三年
進歷光祿寺署正教師

蔡國相 巨卿廣東南雄府人正德四年進
授鴻臚寺序班

沈謙 遜之順天府大興縣人正德四年
進授鴻臚寺序班

樓宗宣　廷輝浙江寧波縣人正德四年進
授鴻臚寺序班

馬溥　汝公順天府昌平州人正德四年
進授鴻臚寺序班

姚坤　汝堅浙江仁和縣人正德四年進
歷鴻臚寺主簿

楊鐸　振之湖廣荊州籍南直隷人正德
四年進授鴻臚寺主簿

侯琚　汝珮陝西耀州人正德四年進授
鴻臚寺序班誥勑房辦事

楊武　國威福建歸化縣人正德四年進
歷山東布政司右衆議制勑房辦
事

王傑　朝彥山後人弘治三年進歷通政
司知事

鮑諶　汝正直隷肅寧縣人嘉靖十六年
進歷鴻臚寺教師

鄭璐 于新直隸淶水縣人嘉靖十六年進授鴻臚寺序班

沈洧 子梁直隸上海縣人嘉靖十六年進歷大理寺寺副制勑房辦事

劉維嵩 伯申山西襄垣縣人嘉靖十六年進歷光祿寺署丞教師

周維藩 希紳順天府昌平縣人嘉靖十六年進歷尚寶司少卿制勑房辦事

鮑佐 韓卿直隸河間府肅寧縣人嘉靖四十五年進歷工部虞衡司員外郎制勑房辦事

周廷臣 思藎順天府昌平州人嘉靖四十五年進歷工部虞衡司員外郎制勑房辦事

劉登瀛 晋賢山西襄垣縣人嘉靖四十五年進歷光祿寺署正起居注館辦

事

王國新 維岳順天府固安縣人嘉靖四十五年進歷上林苑監監丞教師

姚應冠 文中浙江仁和縣人嘉靖四十五年進歷鴻臚寺主簿教師

楊芷 德馨直隸寧國府宣城縣人嘉靖四十五年進歷鴻臚寺主簿

鄭崇俊 希舜直隸保定府淶水縣人嘉靖四十五年進歷鴻臚寺主簿

吳松 永年江西安仁縣人嘉靖四十五年進歷鴻臚寺主簿

楊應乾 健甫湖廣江陵縣人嘉靖四十五年進授鴻臚寺序班

邵前烈 希武山西黎城縣人嘉靖四十五年進授鴻臚寺序班

鄭崇志 希道直隸沭陽縣人嘉靖四十五年進授鴻臚寺序班

樊于陛

楊時鳳

田佳璧

周承禹

鄭世遝

沈庭松

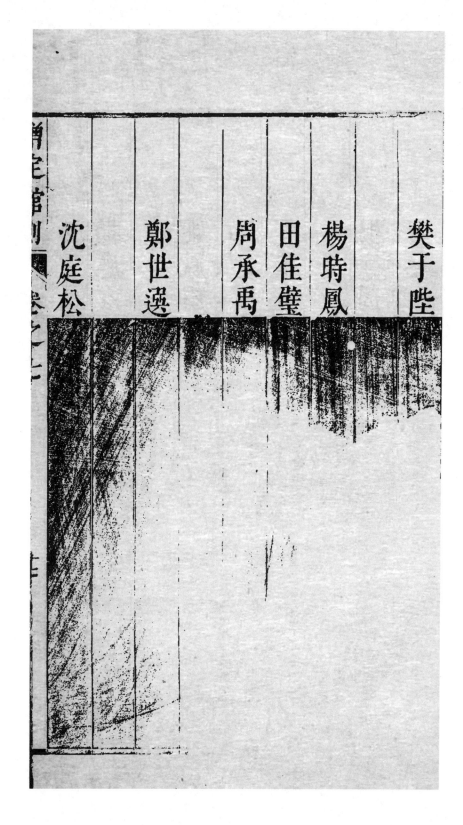

楊應玄

姚鳳翔

王文光

楊德澤

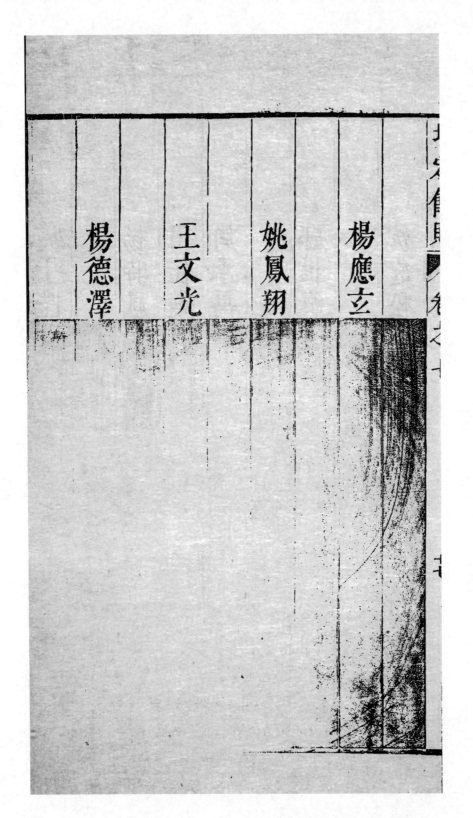

周世臣 思恒順天府昌平州人萬曆三十二年進四十三年授鴻臚寺序班歷本寺主簿教師

邵前勳 若與山西黎城縣人萬曆三十二年進授鴻臚寺序班制勑房辦事

吳振芳 汝益浙江嘉興府籍平陽縣人萬曆三十二年進四十六年授鴻臚寺序班教師

趙耀祖 克肖順天府香河縣籍浙江餘姚縣人萬曆三十二年進授鴻臚寺序班

吳嗣良 維相浙江嘉興府籍溫州府平陽縣人天啓六年進崇禎七年授鴻臚寺序班歷教師

馬天駿雲蹻順天府昌平州人天啓六年
進崇禎七年授鴻臚寺序班歴教
師

茅　重士可順天府大興縣人天啓七年
進授鴻臚寺序班教師

百彝館

高巒

劉晉

高承惠

高厚

靖洪

楊惠

李惠

張斌

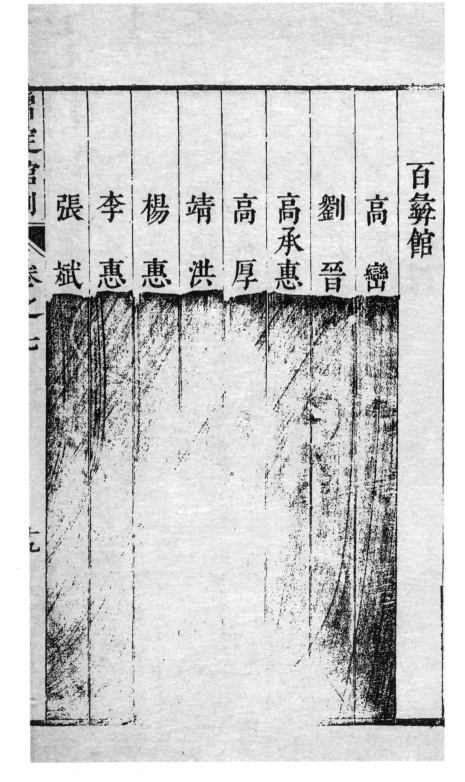

劉繼宗

仝錡

徐應豐

趙希奭

丁世用

程廷器

萬廣濬

王鎧

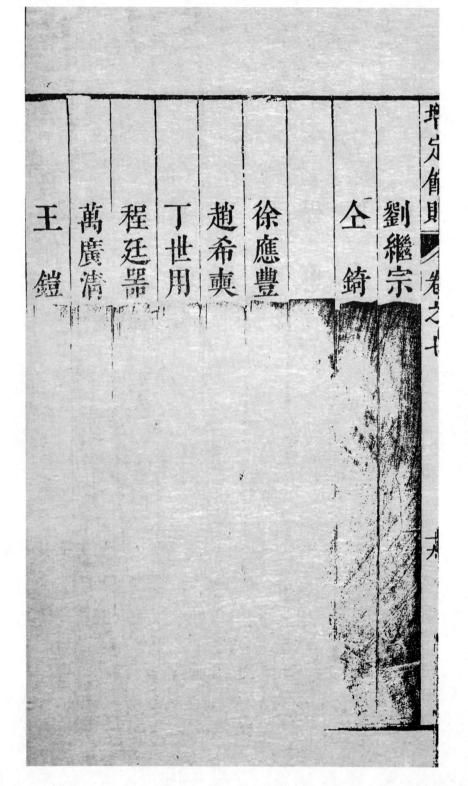

靖九經

高民怡

李香

徐繼申

季本

徐奎

李若金

李若玉

徐可行

李國棟

季宗文

徐可道

徐元吉

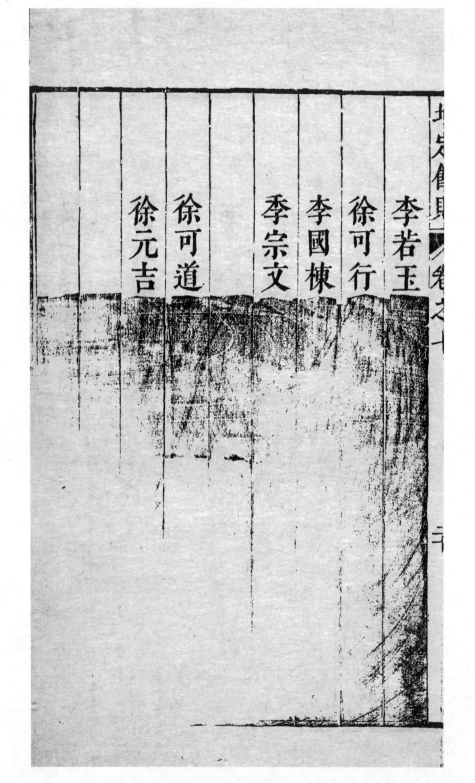

緬甸館

約酒　靖之緬甸土夷弘治十七年取選　歷光祿寺署丞教師

于潮　東之河南洧州人正德四年進歷　光祿寺署正教師

楊舜臣　君相河南安陽縣人正德四年進　歷上林苑監右監副史館辦事

梁珮　子潤山西人正德四年進歷光祿　寺署正教師

方英　廷華直隸歙縣人弘治三年進歷　光祿寺署正教師

陶春　一元浙江人正德四年進歷通政　司知事教師

劉廸　允廸騰驤衛籍弘治三年進歷通　政司知事教師

孟香　德馨緬甸土夷弘治十七年取歷　光祿寺署丞教師

司信　以誠浙江籍河間人正德四年進歷光祿寺署正教師

陶祥　鳳典浙江人正德四年進歷光祿寺署正史館辦事

温恭　肅之順天府大興縣人正德四年進歷鴻臚寺主簿史館辦事

許臣　理民順天府宛平縣人正德四年進歷鴻臚寺主簿史館辦事

王用仁　濟民山東萊陽縣人正德四年進授鴻臚寺序班

任廷弼　宗傅直隸滄州人正德四年進歷中書舍人史館供事

曹鸞　子輿直隸江陰縣人嘉靖十六年進歷鴻臚寺主簿教師

吳松　公兆江西德化縣人嘉靖四十[illegible]年進歷大理寺寺正教師

[illegible]登　道遠浙江[illegible]人嘉靖四十[illegible]歷大理寺[illegible]教師

[illegible]寺主簿

許鰲 [illegible]武功右衛籍順天府人嘉靖四十五年進歷鴻臚寺主簿

周維和 子致浙江籍河間府人嘉靖四十五年進歷鴻臚寺主簿

方峴 汝王直隸歙縣人嘉靖四十五年進歷鴻臚寺主簿

夏鳳朝 文瑞雲南臨安府建水州人萬曆三年進授鴻臚寺序班

方崧 汝奇直隸歙縣人萬曆六年進授鴻臚寺序班

吳彥明 用晦錦衣衛籍江西德化縣人萬曆三十二年進歷大理寺寺副誥敕房辦事

丘應璘 廷珮順天府大興縣籍浙江烏程縣人萬曆三十二年進歷鴻臚寺

主簿史館辦事

丘應賢思齊順天府大興縣籍浙江烏程縣人萬曆三十二年進四十年授
鴻臚寺序班歷本寺主簿教師

方大本自陳錦衣籍歙縣人萬曆三十二年進四十三年授鴻臚寺序班歷
本寺主簿教師

吳文煒子明錦衣籍江西德化縣人萬曆三十二年進歷鴻臚寺主簿

方大受子虞錦衣籍歙縣人萬曆三十二年進授鴻臚寺序班

西天館
郭昊

張葵
鞏鉞
王鎏
朱完
朱僉
劉雄

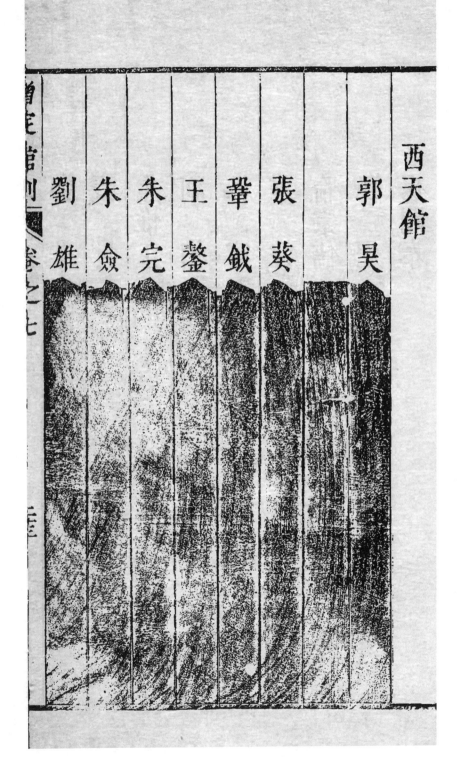

鄭柴

張貴

焦惟正

劉相

張賓

鞏泮

喻宗儒

鄭煙

楊開泰

鄭煜

郭安民

張邦經

楊餘洪

黄維先

鞏燦

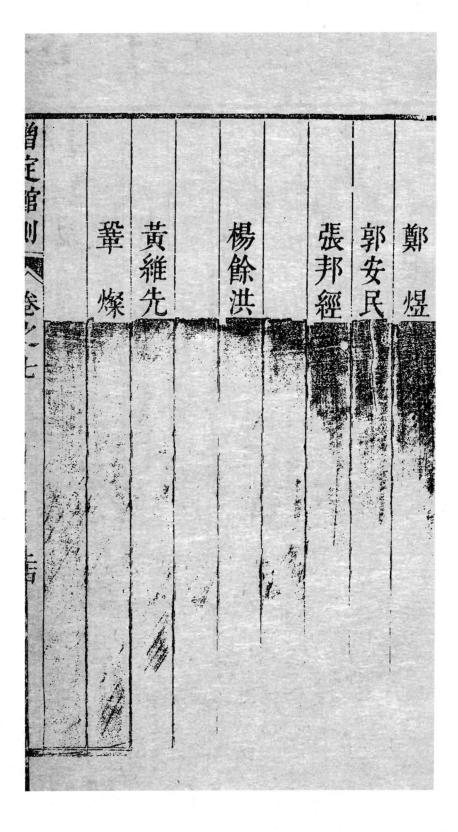

王　讚

郭志隆

錢耀然

王道正

蔡茂春

王世美

所事

朱廷臣 用賓錦衣衛籍順天府大興縣人萬曆三十二年進授鴻臚寺序班教師

程祚焻 散木直隸徽州府歙縣人監生天啟六年進授試中書舍人帶勅房辦事

王弘德 仁宇順天府東安縣人天啟七年進授鴻臚寺序班教師

卷之十

八百館

藍者哥

莊文恩

高觀

張輔

高進

郭東都 漢卿順天府灤縣人嘉靖十六年進歷光祿寺署正教師

張大續

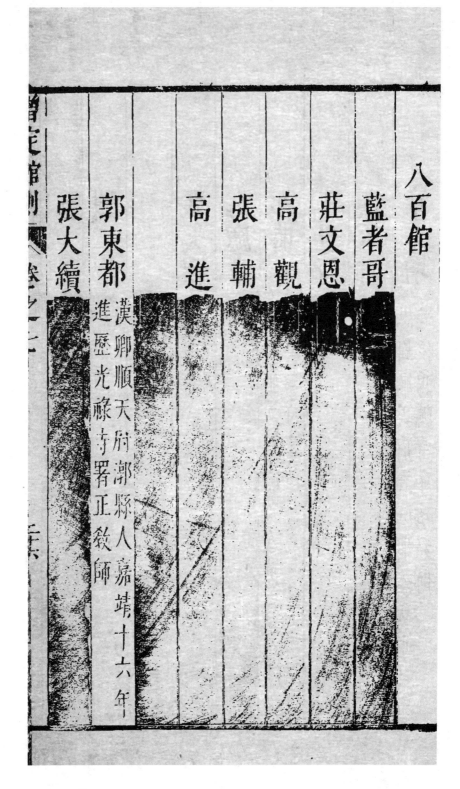

鮑佑

張大紹

高應章

郭時春 子元順天府漷縣人萬曆六年進歷鴻臚寺主簿

丁世賢

章承爵

章增 恩輝順天府香河縣人天啓七年進授鴻臚寺序班教師

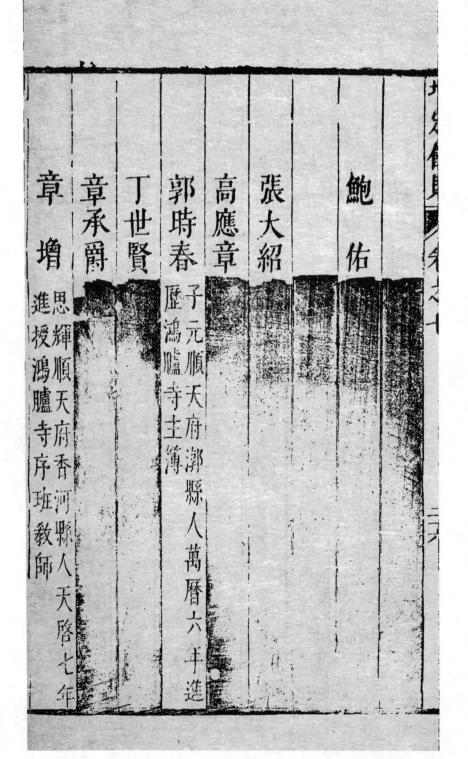

郭時奏 獻可順天府灤縣人萬曆三十二年進歷禮部儀制司員外郎制敕房辦事

章垣

吳應登

郭時泰 子通順天府灤縣人萬曆三十二年進授譯字官

郭昌祚 玉吾順天府灤縣人天啓七年進授鴻臚寺序班教師

新增館則

本朝屬員

八館官職名

囬囬館

邵繩武 烈公順天府大興縣人順治十一年進授鴻臚寺序班教師

李三台 伯衡順天府大興縣人順治十一年進授鴻臚寺序班教師

西番館

周元鼇 伯寧順天府豐潤縣人順治十一年進授鴻臚寺序班教師管理廳務

鄭惟琰 其心順天府大興縣人順治十一年進授鴻臚寺序班教師

高昌館

徐沇瑜 培元順天府大興縣人順治十一年進授鴻臚寺序班教師

茅秉章 仲質順天府大興縣人順治十一年進授鴻臚寺序班教師歷典務廳掌印事

暹羅館

李夢虞 時雍順天府大興縣人順治十一年進授鴻臚寺序班教師

李佳胤 卜宜順天府大興縣人康熙十一年進授鴻臚寺序班

緬甸館

吳嘉胤 修祉順天府大興縣人順治十一年進授鴻臚寺序班教師

許輯瑞鳳洲順天府大興縣人順治十一年進授鴻臚寺序班教師

百譯館

錢光祚種白順天府大興縣人順治十一年進授鴻臚寺序班教師

張守恒見可順天府宛平縣人順治十一年進授鴻臚寺序班教師

西天館

張弘价子藩順天府大興縣人順治十一年進授鴻臚寺序班教師

張弘仁濟之順天府大興縣人康熙十一年進授鴻臚寺序班

八百館

郭毓祚存宗順天府大興縣人順治十一年進授鴻臚寺序班教師

新埔館賦 卷之七

錢勛家 崑山順天府大興縣人康熙十一
年進授鴻臚寺序班

增定館則卷之八

天中呂維祺介孺編輯
臨川章光岳仲山
東楚解學龍言卿　仝訂

俸廩

本堂俸薪

正三品太常寺卿

春季該俸銀十五兩四錢

該俸錢五千二百三十六文

該柴薪銀三十兩四季俱同

夏季

四月五月該絹銀七兩七錢

六月該俸銀五兩一錢三分二釐

六毫

該俸錢一千七百四十五文

秋季冬季俸銀與春季皆同

正四品太常寺少卿

春季該俸銀十兩七錢八分

俸錢三千六百六十五文
該柴薪銀十八兩四季俱同
夏季
四月五月該絹銀五兩三錢九分
六月該俸銀三兩五錢九分四釐
該俸錢一千二百二十二文
秋季冬季俸銀與春季同
以上俱太常寺關戸兵二部支外祿
米每月支本色米一石

屬官俸薪

正五品尚寶司卿

春季該俸銀七兩四錢二分

該俸錢二千五百二十二文

該柴薪銀十二兩四季俱同

夏季

四月五月該絹銀三兩七錢一分

六月該俸銀二兩四錢六分七釐

該俸錢八百四十文

秋冬二季俸銀與春季皆同

從七品光祿寺署丞

春季該俸銀四兩六錢二分

該俸錢一千五百七十文

該柴薪銀六兩 四季俱同

夏季

四月五月該絹銀二兩三錢一分

六月該俸銀一兩五錢四分

該俸錢五百二十三文

秋冬二季俸銀與春季皆同

從八品鴻臚寺主簿

春季該俸銀四兩零六分

俸錢一千三百八十文

柴薪銀六兩　四季俱同

夏季

四月五月該絹銀二兩零三分

六月該俸銀一兩三錢五分三釐

三毫

該俸錢四百六十文
秋冬二季俸銀與春季皆同
從九品鴻臚寺序班
春季該俸銀三兩五錢
俸錢一千一百九十文
柴薪銀六兩 四季俱同
夏季
四月五月該絹銀一兩七錢五分
六月該俸銀一兩一錢六分六釐

六毫

該俸錢三百九十六文

秋冬二季與春季俸銀皆同

以上俱在翰林院造冊支領外每月

支本色米一石

柴價

提督堂官每月舊規柴六百斤每百斤折銀

一錢二分五釐

共折銀七錢五分

十館教師每月柴二百斤折銀二錢五分
譯字官與教師同
譯字生每月柴一百斤折銀一錢二分
五釐
以上係工部臺基廠錢糧每月類解
光祿寺典簿廳本館差厨役執簿
關領無定期此係舊規未經裁革
肉價
提督堂官舊例每日肉一斤折價銀二分四

釐七毫五絲每月折銀七錢四分二釐五毫

天啓六年十二月內裁減三分之一見今每

月支銀四錢九分五釐今連花椒香油在內

每月支銀五錢零

十館教師同

譯字官每日肉半斤折銀一分二釐每

月折銀三錢六分今裁減三分之一

見今每月支銀二錢四分

譯字生同

以上係光祿寺錢糧每月十六日科
院下庫類放典簿廳包鑿給散本館
差厨役關領

飯米

提督堂官舊規每日白米八合每月二斗四
升天啓六年十二月內裁減三分之一
見今每月該米一斗六升
十館教師同　譯字官同　譯字生同
以上待六箇月零七日共米一石光

祿寺大官署給票開倉關支無定期

酒米

提督堂官舊規每日酒一瓶每五瓶折糯米一斗正月初一日起至四月終止該米二石四斗九月初一日起至十二月終止該米二石四斗五六七八月三箇月停止

天啓六年十二月内裁減三分之一見今正月至四月支米一石六斗九月至十二月支米一石二斗遇月小減數閏月加增

十館教師舊規每日酒半瓶正月至四月該米一石二斗九月至十二月該米一石二斗今裁三分之一正月至四月支米八斗九月至十二月支米八斗

譯字官　譯字生皆與教師同

以上係光祿寺錢糧良醞署給票開倉關支無定期

一年例木炭每年冬季移文工部臺基廠關領該木炭一百五十包每包折銀八

分二釐送
本堂酌散十館教師委廳其火房班皂厨役
稟堂量給
年例紙劄
一舊例每年通州宛大二縣解紙扎若干公用
近解宛大二縣每年解銀二百四十九兩有
奇除公用外每官每年紙筆銀二兩每生每
年銀一兩近因公用不敷往往後時姑存舊
制以示存羊之意

一通州每季紙九千二百一十張筆八百
四枝墨二百二錠
一宛平縣每季紙七百張硃五兩五錢
一大興縣每季紙二千四百張硃一斤十
四兩五錢

一每季本館官生散紙筆墨硃數目
進呈課紙每官一員一百張硃五錢
提督官紙七百張筆五十枝硃四兩墨三
十錠抄報紙三百張

十館官每員紙七十五張筆六枝墨三錠
譯字生每名紙七十五張筆六枝墨三錠
每館硃貳兩
委官公用紙一百張筆六枝墨三錠硃一兩
公用文移紙二百張卯簿紙二百張巡風
簿紙五十張硃三兩筆十五枝墨二錠
給付火房吏　以上係舊例今已改解
銀兩
譯官柴薪

一嘉靖二十五年二月初五日考中譯字官劉麃等十三員比照舊例每員一年柴薪一名每季銀三兩轉呈本院移文兵部武庫司關支

各官關支

一光祿寺飯食例該日給自共饌之法廢而官生之家率齎牌赴領但往往爲包攬者侵冒人無實惠近日本館手本行光祿寺置立印信票帖給散各官生收執自行關支

官生住支

一官生患病日久調理不痊不能赴館者呈乞住支飯食查審相同徑行光祿寺住支或扣支待病痊赴館日開給

食鹽舊例

一舊例將各官生職名并該支鹽觔備造文冊一樣四本轉行戶部劄文赴廣惠庫納鈔關支每官一員口鹽二百六十觔閏月加三十觔每生一名口鹽一百三十觔閏月加十五

增定館則卷之九

天中呂維祺介孺編輯
臨川章光岳仲山
東楚解學龍言卿 仝訂

經費

本館故無公費惟宛大二縣歲解紙筆銀二百四十九兩有奇及房租歲五十兩有奇此外則廚役班攢歲不過十餘金合之三百一十餘金止矣乃本館各生紙筆銀歲額該一百二十餘

兩止餘一百八十金有奇而上任之費班皂之
糈車馬之直隨祀之飯陞差之賞及中貴坐資
火房工食一切雜用不貲即一堂歲將費二百
有奇若並堂則分外多費二百餘金近且有三
堂四堂並任者況兩縣之起解不時揭借之利
息日積仰屋蒿目無可奈何以致委官掛冠大
典停廢說者曰本堂不親綱事不然則曰此官
傳舍耳何必勞勞及此徒自苦耳嗟乎天下甚
事不因傳舍視之遂至大壞吾輩既官此地則

便是吾輩責任安得曰不與我事且何忍使官與役俱嗷嗷向隅而莫之省憂也往

董見龍先生曾官此地作經費議頗覺清楚今安得不師其意通其變節其浮覆其冐無非為

朝廷為衙門為職業况本館至負債二百金逋額二百金而兩縣之逋亦二百金尚可一日悠忽乎本堂夙夜苦心查出前官之侵冐以抵負債量給房租以抵新逋急催舊欠以抵逋額裁抑靡費以定後額或者難之以為何苦惹怨噫苟

不一身擔當將遂使此署空矣此小小怨尚不肯任況天下大事乎特約其凡以砥潰瀾非本堂之好親細事而甘勞怨也

計開

一歲額

宛平縣每年應解本館紙筆銀一百二十兩三錢一分五釐

大興縣每年應解本館紙筆銀一百二十九兩三錢零八釐

本館房九間每月房租四兩二錢每年共
房租五十兩零四錢

一逋額
宛大二縣節年拖欠今算至崇禎二年十
二月終止
宛平縣實欠八十兩二錢一分五釐
大興縣實欠九十八兩六錢二分六釐俱
應急催以補欠各官生紙筆各役工食
之用

一免欠

原欠許文俊本銀一百三十兩今查出丘

委官漏開銀兩免還訖其利銀俱止

田委官原墊用過銀三十四兩候陸續償

補

一待領

各官生紙筆並各役工食共二百餘兩候

兩縣解到舊欠陸續補還

一類費

本堂公用

一直堂每年四名約四十兩有奇原送堂上[illegible]

筆價今議每堂每季照董見龍議定止送[illegible]

兩餘俱留委官公用

本堂進署每次餽資銀一錢二分如二堂並[illegible]

銀二錢

火房備茶葉茶果每月銀一錢

以上如並堂歲存省銀八兩有奇如三[illegible]

則歲存省銀二十四兩有奇矣

官生紙劄

一十館教師等官每官一員每年筆價二兩

一十館譯字生每生一名每年筆價一兩

以上以見在官生爲率今官二十三員生六十九名每年約用銀一百一十三兩有奇但縣解愆期公用不敷多致不足

新堂到任

一新堂燈籠一對價銀四錢

館則二本工價銀一錢

印綬并牙牌祭牌執事牌三縛銀一[illegible]

一上任酒席每卓連搭盤價銀七錢舊開八錢

今裁一錢舊有酒[illegible]一罈果盒四副共實[illegible]

用議裁

門彩二架銀三錢

儀註封條紅束判筆十二枝共銀一錢舊開一錢九分

神祠紙燭銀六分

賞門官銀四錢

旗尉銀四錢

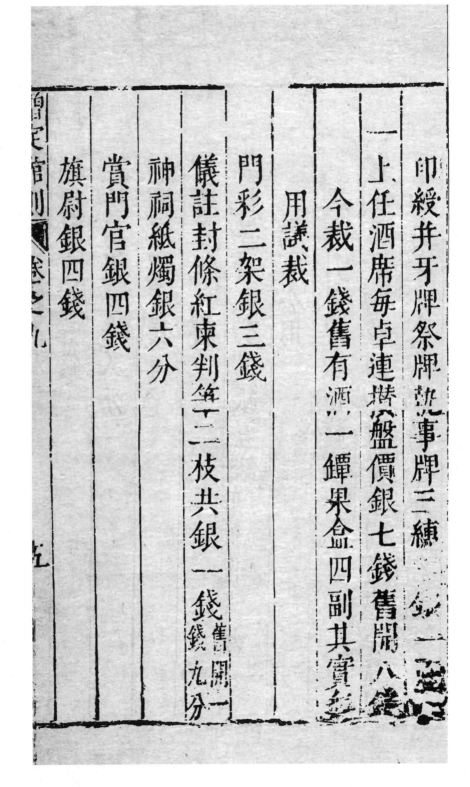

精微科吏銀二錢

教坊司銀二錢八分

刻題名銀一錢

打題名銀二錢

裝釘譯書二套價銀五錢用紙作書皮

屬官公用

一廳每月硃墨銀伍錢

一官生丁憂物故賻贈雖多未得實惠今議裁

止如有十分窘薄臨時公舉未得過多

各役工食

一正堂長班一兩四錢　書房五錢

轎夫四兩八錢　抄報一兩二錢

一少堂長班一兩四錢　書房五錢

馬夫二兩　抄報一兩二錢

以上二項工食原數甚多歲用銀一百八十八兩有奇本堂與少堂公議今錢糧匱乏之懸欠難償不如減之爲便如今數約無歲可省銀四十餘兩若止一堂則歲省一

百餘金矣

一火房工食每月銀一兩三錢

火房心紅紙筆價每季銀一兩五錢

一兩縣催取錢糧厨役每到銀十兩賞盤費銀

一錢

一四郊社稷壇陪祀瞻拜等項跟隨長班皂隸

等每名盤費銀二分

分金坐資

一郊祀瞻拜背儀迎送分金銀三錢並坐資

一中貴坐賓每季銀二兩並堂增一兩

節陞賞賚

一年節賞格其端陽中秋免賞

火房二錢　長班三錢

皂隸五錢　抬箱一錢

馬夫五分　轎夫二錢

抄報一錢

一本堂奉差賞格

火房二錢　長班三錢

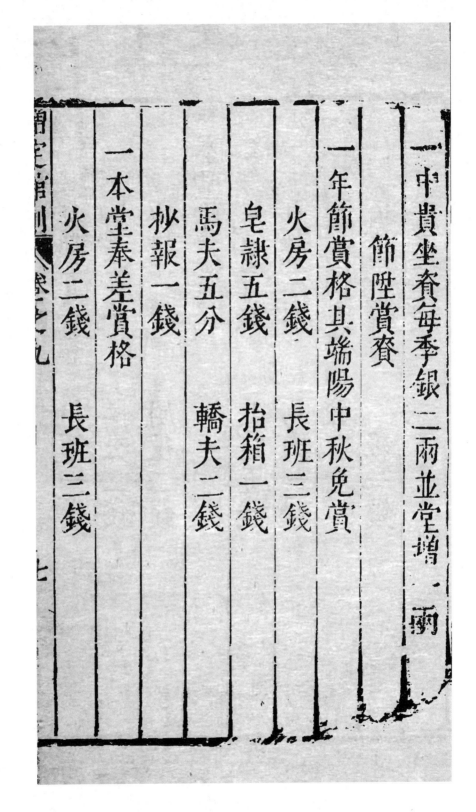

皂隸五錢　抬箱一錢

馬夫五分　轎夫二錢

抄報一錢　廚役二錢

本堂陞遷賞格

火房五錢　長班五錢

皂隸一兩　馬夫一錢

轎夫四人銀四錢

抬箱一錢　報一錢

厨子二錢

以上通查舊額每歲所費不貲或負債難償或委官賠墊殊非事體本堂嚴查漏卮以抵負債而又逐節裁減大抵比舊額減十之五六或曰盍盡裁之不知裁省亦當以漸循此法也雖並堂歲可足額若一堂則積之一年尚有嬴餘何慮仰屋天下事固未嘗不可爲也然罪我怨我直任之耳

增定館則卷之十

天中呂維祺介孺編輯
鄢川章光岳仲山
東楚解學龍言卿　仝訂

儀注

二至齋宿

一是日本堂吉服火房坐十館官吉服率諸生

於二門外拱候

欽差乘馬入大門內下馬本堂出迎至堂相揖畢

教師等官堂内揖譯字生簷下揖堂左設座

茶畢十館官生仍詣堂揖如前

欽差行本堂率官生於二門外送看乘馬

湔除接詔

一年終接湔除

詔堂上預設香案禮部監生齋

詔到本堂率聽屬官生迎接繇中門進入奉安香

案各堂向北行一拜三叩頭禮聽屬官生隨

拜

朔望行香

一凡朔望日本堂入署火房吏備香楮候升堂

先赴

土地祠行四拜禮官生隨拜如常儀

國學瞻拜

一凡遇元旦次日及春秋丁祭前一日本堂吉

服赴國子監瞻拜

先師行四拜禮廳屬官隨便瞻拜不必候齊

郊朝陪祀

一凡遇
兩郊
太廟　朝日　夕月　社稷
帝王廟等祭本堂正堂少堂俱應陪祀先期報名
祭畢須胙如例
封印儀注
一封印擇吉月吉時後堂封畢捧至前堂置公
案上本堂及十館官俱吉服拜印禮生唱行
四拜禮畢請升公座廳貝儀注過中説堂

十館教師等官行二拜禮俱荅譯字官行四拜禮荅揖譯字生行四拜禮荅揖火房皂隷厨役住房人以次叩頭火房跪稟禮畢

開印儀注

一開印是日本堂穿吉服進大門下馬禮生四名引至土地祠謁神唱行四拜禮畢至堂拜印行四拜禮請升公座官生人等見俱如前儀火房吏開印用畢回後堂

朔望揖閣

一每月朔望日本堂正步堂入閣繇西階上檻外一揖一躬稍東向西立教師等官階下一揖一躬退譯字官階下一揖一躬退譯字生階下二跪三揖庭參畢退本堂仍中立一躬繇西階下候

中堂出送檻外一躬進檻又一躬出

升堂儀節

一本堂正堂入彩乘轎至露臺委官躬迎少堂乘馬亦如之隨入公座本堂入委官進茶

揖一躬送出內檻外一躬送進檻又參謁

吏稟發公會畫卯畢候本堂將出預鳴鼓三

聲本堂公座畢鳴鼓五聲各官繇簷柱至堂

內一揖一躬本堂出座荅揖分班互揖各生

簷下一揖一躬分班互揖巡風報堂畢各官

退諸生畫卯掣籤課業完擊雲板三聲巡風

稟堂事畢

屬官說堂

一屬官火房說堂揖俱與委官揖火房儀同其

有帶京堂銜者送至軒前檻外仍候本堂進
內檻方退餘俱同
本堂命下
一本堂
命下次日穿紅公服𢇁枝帶謝
恩畢仍原服入
內閣繇西階上至檻外中立先一揖云請拜老
先生即二拜中堂荅拜平身一揖一躬仍繇
西階下向上候

[illegible]禮[illegible]一[illegible]進[illegible]一躬出更服[illegible]
人送六科侍生帖各一副不必親至就謝[illegible]
部仍候朝房投帖

本堂上任

一本堂上任衣吉服至署十館官生俱于二門
外候迎引禮生先引至土地祠行四拜禮畢
禮生導引堂鳴鼓五聲升座　官過中稟說
堂畢一躬本堂拱荅不出公座

一教師署正署丞主簿等官見行二拜禮俱荅

一譯字官已授職者見行四拜禮答二拜未授
職者四拜止答揖
一譯字生見行四拜禮答揖
一火房官吏班皂厨役住房人以次叩頭畢譯
字官堂内畫卯譯字生簷下畫卯畫畢擊雲
三聲稟堂事畢入火房公宴
並堂上任
一本堂偶有兩堂或三堂者是日舊堂先至候
新堂到迎至露臺同至堂揖以爵序分左右

畫對拜二拜不必轉拜升公座俱如前儀

儀畢同人火房公宴大抵是日公堂論爵次

懸以新堂爲客

一凡新堂有上任日期火房前備舊堂紅請帖

請上任仍備公請柬請前任原係本堂者如

辭公送酒如前任有送盒酒禮物者俱新堂

答帖

陞任出差

一凡本堂有陞任出差者官生備紅帖見私宅

不用禮物仍候送至城外其考滿封廕生辰
喜慶及元旦冬至俱赴私宅稟賀不必用禮
帖
一凡本堂已歷任出差而復入京者各官[illegible]
稱臨受教者官用舊屬官銜帖譯字生屬[illegible]
稱門生帖稟見私宅郎官生已改職授[illegible]
復用站類見不得參差自居菲薄
太常上任
一[illegible]帶太常正卿銜者除奉[illegible]署上任[illegible]

太常衙門上任帶太僕銜者亦然是日朝房易吉服簿廳請上任兩科吏大門內跪接兩廳官吉服二門內候一躬各屬官冊揖候一躬

各堂屏門內候下轎迎出一躬至川堂一揖次兩廳官一揖退

三堂上坐丞堂傍坐一茶當該稟吉時請陞任候雲板三聲上堂各照公座設拜席

正堂左堂左丞堂南向

右堂右丞堂北向丞堂拜席稍次後對行二拜
各於公座前立定兩廳官先總一揖向
新堂二拜
新堂答拜協律郎贊禮郎司樂先總一揖次二
拜答一拜提點知觀壇陵奉祀祀丞先總一
揖二跪次二拜荅一拜
各堂陞公座犧牲所官兩跪一揖兩科吏拜見
貼寫叩見所吏叩頭以下當該吏分付掌書
書文衆樂舞生俱甬道拜見各行人役叩頭

畢呈公座簿押當該吏禀公座畢

各堂拱手廳屬官一躬退當該吏回風僉押用

印報上任禮畢仍入川堂朝上設拜席

各堂先行二拜

新堂轉荅二拜赴後堂公宴兩廳官見私宅公

宴畢卽行香如常儀是日公座論爵其後堂

及公宴俱分主客坐次日用名帖謝公宴

謁堂私宅

一凡官生俱不宜謁堂私宅如有公事應禀白

者用单見帖傳入官送至二門仍候進生不
坐不送

本堂交際

一凡本堂正堂於　內閣冢宰用晚生帖初陞
加官銜送上明轎餘部院正堂俱晚生帖有
帶尚書銜者及少宰用侍教生帖餘俱侍生
卽南部院正堂及督撫帶部院銜者俱侍生
途遇惟內閣冢宰避轎各部郎署及中行評
博於本堂正堂俱用侍教生帖

一本堂少堂於帶尚書銜者用晚生帖少宰用晚侍生帖閣部以下送俱上馬帖有晚字者俱避馬各部郎署彼此用侍生帖餘畧同

一本堂與凡係本堂陞任者有先後寅之誼初會及久別宜用一儀彼此私宅兩拜用通家侍生帖

委官初任

一委官報滿

本堂揀選歷練老成家道殷實者帖委管理廳

務公堂拜謝行二拜禮俱答隨謁堂宅投謝
擇日上任穿吉服先謁土神次到廳厨役任
房人叩見禮畢

館師加銜

一十館教師三年考滿引奏
命下復職六年考滿亦如之九年考滿亦同但考
功司不出考語不引奏加銜二級謝
恩畢謝閣謝部俱稟拜多有免者謝堂委官先具
儀注行二拜禮俱答隨謁閣院堂宅投謝擇

日上任穿吉服謁土神至本館同館官分左
右行二拜禮譯字生行四拜禮荅後二拜
初選入館
一十館鈌譯字生習學教師具呈　本堂收選
本堂具呈內閣題請
明旨下禮部部覆旣下儀制司行文到院轉行到
館　本堂出示十館見任陞任去任已故各
官生名下世業子弟十五歲以上二十歲以
下遍供帖行本館教師查勘別無詐冒等情

具結呈覆本堂造册送院過部聽考考中連
卷進呈　命下掛榜次日謝恩謝閣行庭叅
禮免拜隨候朝房用屬下譯字生帖請掌院
宅謝帖同上謝部謝儀司隨詣部司宅謝用
官銜門生帖詣本堂宅謝用官銜門生帖行
庭叅禮候儀制司手本送院轉送本館肄業
謁土神委官具儀注見堂行四拜禮荅揖見
本館教師行四拜禮荅後二拜隨詣師宅投
門生帖逢三六九日進館肄業

食糧冠帶

一譯字生習學三年已滿具呈食糧本堂批行
本館教師查無曠業等情具結呈覆本館呈
送內閣批行掌院轉送禮部題准會考
命下出榜謝恩謝閣謝六部都察院謝翰林院謝
本堂俱如前儀俟儀制司手本送院各生總
呈內閣批行掌院開糧六年考中命下禮部
移咨吏部題授冠帶其謝閣部院本堂俱如
前儀各官總呈內閣批行掌院開柴薪一名

授職儀節

一習學九年已滿具呈本堂授職批館回覆呈閣送院過吏部會官考試取中授序班職事俟命下謝恩謝閣謝部謝院謝堂部文過院各官具總呈內閣批行掌院開柴薪俸銀

師生接遇

一每進館升堂畢諸生至本館作揖私居隅坐隨行逶次廻避如路狹不及廻避者拱立道左俟師下馬揖畢讓師上乘先行

驗課儀節

一本堂升堂畢掣籤驗課諸生持課置几上一揖或驗課或面試事畢候賞罰總一揖而退

月考儀節

一每月十六日月考本館諸生各執試卷序坐聽師出題試畢定名第呈堂

季考儀節

一季考先數日　本堂出示先三日十館諸生各備一色試卷面寫某館譯字生某人投遞

委廳彌封鈐印用天地玄黃宇宙洪荒日月
十字編號每館一字上用浮籤書名至日唱
名散卷折去浮籤仍用號簿一扇開寫其號
其人先一日交桌櫈編號隔十館序坐封門
畢出題交卷畢齊散發案之日一等數名送
閣候用餘者以次發落

增定館則卷之十一

卷內所載館乘稿簿集書器用房號五項俱遺失遷徙無存似宜删裁其人役一欵見在鈌乏亟應請補錄備

堂考

増定館則　卷之十一

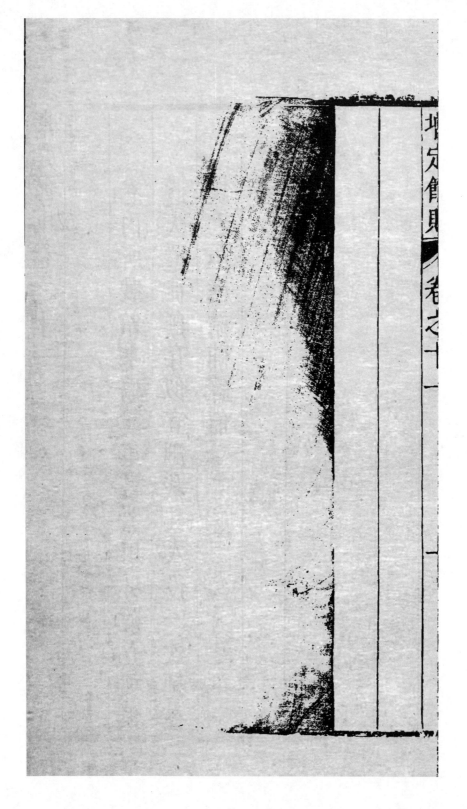

人役

一本館皂隸二十名堂上伺候

厨役十二名十館伺候及看守衙門

班匠四名

坤輿圖說　卷下　十

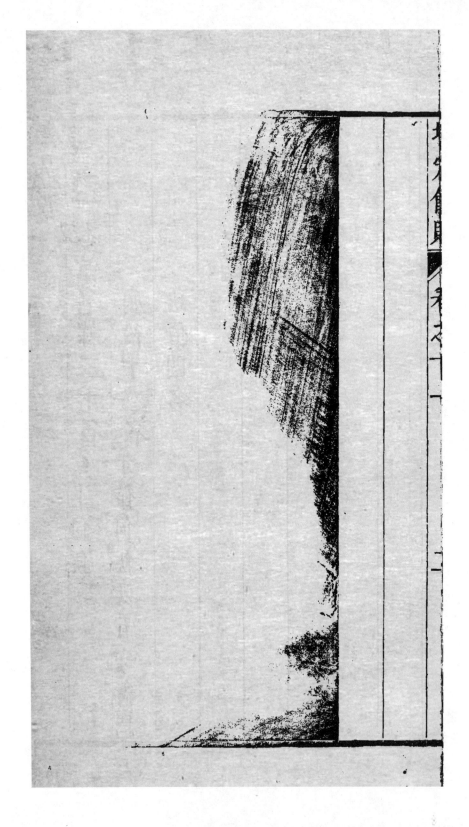

翰林院提督四譯館正堂袁
於康熙十一年內所有自置公器欵類刊
載附後
計開
土神祠
神龕一座　供案一張
大堂
公案一座　公椅一張
地平一座　條案二張

桌幔一圍　椅佃一坐

後堂

方桌一張　圈椅一座

桌圍一副　火盆一架

火房

飯卓一張　紅毡一條

灸硯一座

以上器件查備公用

甲字房一戶楊魁住房一間每月租銀壹兩
零伍分
乙字房一戶賈虎住房三間半每月租銀捌
錢
丙字房一戶傅德住房一間每月租銀捌錢
丁字房一戶張四住房一間每月租銀柒錢
伍分
戊字房一戶李榮住房一間半每月租銀叁

錢伍分
巳字房一戶武大任房一間每月租銀貳錢
貳分伍釐
庚字房一戶鄭虎任房一間每月租銀貳錢
貳分伍釐
以上共銀肆兩貳錢每月　廳收支
公用

增定館則卷之十二

天中呂維祺介孺編輯
臨川章光岳仲山
東楚解學龍言卿 仝訂

文史

題奏類一

嘉靖四十五年正月題選譯字生稿

少師兼太子太師吏部尚書建極殿大學士

臣徐階等謹

題爲久缺譯字生懇乞照例題
請選收作養以備任使事據提督四彝館太常寺
少卿丘岳呈據韃靼等館教師署正等官顧
禕等屢次呈稱各館缺人習譯乞要選收世
業子弟作養等因到職看得彝館番文
上國所以通知遠情必須素所豫教乃能諳曉精
通我
祖宗設置九館以待外番選取子弟以習譯業其
食糧冠帶授職俱有成限定制立法可謂至

精至備矣但自嘉靖十六年考收之後今歷
三十年中間所收子弟率多事故更遷見今
各館惟韃靼女直等館共止有譯字官四員
回回西番高昌八百等館雖有教師一二員
並無一名子弟習學至於百夷西天等館教
師久已物故緬甸館師生俱各故絶其見在
教師又皆正德初年選入者年深齒邁精力
衰頹每年各夷進到番文及
勑諭夷使事務頗爲繁劇乃責成於一二教師

使之辯譯書寫未免苦難遲滯是以夷人

得即回坐費

國家供億况番文字跡種種不同形畫各殊

僞頓別全與漢文大異尤非學者一朝一

所能通曉失今若不早收作養不惟日

人任用不敷抑且將來譯業無傳番文

誤事不小合無俯從各官所呈查照先年

例題

請恭候

命下照依選收太醫院醫生事例咨令本館教師
各具重甘結狀保舉各官名下的親世業子
弟聽禮部會官考試選其資稟年歲相應通
曉本等藝業堪以作養者數十名量各館文
書繁簡擬定名數轉送翰林院分撥各館肄
業不許在京富商外省粟監及勢家子弟冒
籍頂名希圖進用以開夤緣奔競之門如有
此輩朦朧入選事後被人首發或查訪得出
不論入館年月久近定行黜退爲民仍將本

館係結教師一併繇送法司究問如此庶奸
弊可除譯習得人亦不失
聖朝懷撫四夷之意矣至於增補教師申飭學規
修理館舍供給紙劄一應合行事宜俟收選
畢日職再詳議呈奪施行等因到閣臣等切
惟譯字生所以譯寫番文上之
朝廷以通知各夷之情而施制馭綏來之策關
係本重今積三十年不行收補或一館僅存
一二或一館俱已故絕將來失學誤事誠有

知身卿丘岳之薦舉者既藉此收補門路

貴而又不稽其所習之業是以富豪權勢

不識字之人各得行賄請託乘機求進以

公議不容竟從罷革後之當事不咎其啟

之不善遂併收補而廢之是前者假公當

因為壞

國家之法而後者謀身避事亦無所益於

國家之計也今丘岳議欲盡杜傍蹊止令各

教師結送各官下的親世業子弟聽禮部

例考試選其貧稟年歲相應通曉本等藝
者送院作養其有朦朧冒選者日後事發
行黜退并將原保教師叅問似於修業甚
二者俱得臣等謹用具
題伏乞
勅下禮部再行詳議題
請施行緣係久缺譯字生懇乞照例題
請選收作養以備任使事理臣等未敢擅便謹具

旨奉
聖旨是禮部知道欽此隨該禮部尚書兼翰林院
學士臣高拱等看得譯字生自嘉靖十六年
考收之後迄今垂三十年中多事故更遷所
存者僅止一二世業無傳番譯且廢本當選
收以備作養今該大學士徐階等題乞照例
選收併
勅本部詳議委應議處臣等謹擬議條件開具上
請伏乞

聖明裁定發下臣等公同會考分別去取通將各

卷進呈恭候

聖裁

計開

一選收世業查得正德三年選收譯字生一百

七名嘉靖十六年選收譯字生一百二十名

皆不問世家不論本業止是考漢文數字會

收館之後方習番文考非所用用非所考嘗

之責工於商難便成熟今該大學士徐階等

具奏專取各館世業子弟資稟年歲相應者

考選送院作養其議甚當相應申請合候

命下本部行移翰林院轉行四彛館即將各官名

下世業子弟資稟清秀者開送本部考以番

文收館習學伏乞

聖裁

一定年限議得世業子弟雖即試以番文然未

經作養難便責其全曉但取其稍通門路易

於習文而已若不限年則有年既長而止通

數字者收之豈能有進若皆限年則有年雖長而業已成熟者棄之豈不可惜合令各生先自報已通未通二項其未通者限年二十五歲以下審驗得實方准收考以分數多者收中其已通者不限年收考必全曉而後取仍於本卷首行明書已通未通以便分別庶年富者可望其進而業成者即得其用伏乞

聖裁

一絕干請查得先年考選不公大招物議皆因

富商豪族憑恃錢神或鑽刺部官自通貨賄
或買囑勢要轉爲請求以至有嫌可避年久
不敢舉行然
國法自在若以公奉法何有於嫌合候
命下臣等先行禁約敢有鑽求窺伺及轉爲干請
係官員者容臣等指名參
奏治以重罪不係官員者即於本衙門首枷號
一箇月滿日送法司問罪伏乞
聖裁

一嚴考試查得先年試法甚踈致通關節且止考以七言絶句詩一首既係成語則或有預擬而暗合者合於考試之日嚴加搜檢封鎖防範前後不得相通其試字不用舊句臨時雜出漢文三十字令譯番文仍設彌封官一員卷完時先行彌封然後送看預行各館教師先將番文底本送部以憑驗對其考設之日各教師俱於部中別所封鎖待取定進呈之時放出令其叅驗庶免差訛伏乞

聖裁

一定收補查得收補譯字生自正德三年一行嘉靖十六年一行以至於今曠日久遠人心絶望所以不習其業應考者鮮而他人俱得以營求今選收之後三年會考例有黜陟人漸減少而各館世業子弟藝隨齒長又自有俊秀者出所當量爲收補以便習學合無今後每六年一次收考每考止取二三十人則進身有期人既肯習其業取人不泛業自可

精其能况數沓方滿一百二十人之數得諸
積累與一日濫收者尤爲有間伏乞
聖裁
嘉靖四十五年二月二十六日該本部題考
選過世業子弟田東作等七十五名奉
聖旨是這世業子弟你每既考取停當都着送館
作養

萬曆三十一年五月題選譯字生稿

大學士沈一貫等謹

題爲譯學缺人懇乞照例題　請收取以永傳
習事據提督四夷館太常寺少卿趙崇善呈
稱據西番等館教師上林苑監等衙門右監
丞等官田畯等屢次呈稱譯學缺人傳習將
廢乞請收取世業子弟作養等因到職看得
本館官生業專習譯書寫
勅諭辨驗來文所以通四彝之情而昭一統之

盛本不可一日缺人者自嘉靖四十五年考
選得田東作等七十五人至萬曆六年增設
暹羅一館續收得成九皋等二十一人迄今
歷歲久遠率多事故更遷見在止有教師等
官一十八員散處十館並無一名譯字生習
學各官又皆年深齒邁景逼桑榆每遇彝文
堆積辨驗書寫未免苦難濡滯若不及時作
養後學誠恐譯學無傳任用乏人關係不小
且彝語番文音異體殊非學者一蹴所能精

曉即自今得人猶待教習九年三試中式者
方爲成材造就既難收羅宜豫合無俯從各
官所呈查照嘉靖四十五年事例題
請恭候
命下容令本館教師各具重甘結狀保舉各官名
下的親世業子弟聽從禮部會官考試選其
年青質敏通曉本業者分撥各館肄業庶傳
繼不廢辦譯有人矣再照嘉靖十六年收補
太醫請託盛行及嘉靖四十五年專取世業

子弟其風寢息今次合無再行申飭自本館各官子弟之外並不許宦家富室夤緣干進尤不許冒稱世業子弟私囑各官保結違者繩以三尺毋少假借如此既不失作養之意而又不開奔競之門儲材祛弊似爲兼得伏乞裁奪施行等因到閣臣等竊惟譯字官生所以譯寫番文上以宣

朝廷懷柔綏來之德意下以通遠人攄忠向化之悃誠制馭要荒之策事體本重今經三十

餘年不行收補見在止有教師等官十八員
散處十館並無一名譯字生習學若不及時
作養後學誠恐將來譯學無傳任用乏人關
係不小委如少卿趙崇善之所慮者相應依
擬題
請及查萬曆六年開設暹羅一館原與四十五年
之例較增而韃靼館除本館職業外又兼譯
女直來人進貢襲替來文並回賜
勅書及譯寫順義王表文喜烽戶驗放來人比之

別館繁劇數倍今次收取合無於韃靼暹羅
二館量增名數以備作養伏乞
勅下禮部查照嘉靖四十五年舊例考取各官下
世業子弟分館習譯施行緣係譯學缺人懇
乞照例題
請收取以永傳習事理臣等未敢擅便謹題請
旨奉
聖旨是禮部知道欽此隨該禮部右侍郎兼翰林
院侍讀學士郭正域查得嘉靖四十五年二

月內該大學士徐階等題稱韃靼等九館缺
人習譯乞要選取世業子弟作養等因該本
部擬議條欵
一選世業本部行移翰林院轉行四彝館考收
各官名下世業子弟資質清秀者開送本部
考以番文收館習學
一嚴保勘行令各館教師各將本館見在各官
及曾任而物故退閑者的親世業子弟取具
重甘結狀親赴本部投遞間有本館教師故

絕丐子弟獨存者許鄰館保之本部嚴加審
覆果無詐冒方准收考仍於考試之日許各
生面詰如有前弊即將本生并保送者一併
送問脫或一時倖免日後被人告發或查訪
得出不論入館年月久近仍行問革為民原
保教師一體連坐
一絕干請本部先行禁約敢有倚鑽求窺伺及轉
為干請係官員者指名參奏治以重罪不係
官員者即於本部門首枷號一月滿日送法

司問罪

一嚴考試查得先年試法甚疎致通關節且止考以七言絶句詩一首既係成語則或有預擬而暗合者合於考試之日嚴加搜檢封鎖防範其試字不用舊句臨時雜出漢文三十字令譯番文仍設彌封官一員卷完時先付彌封然後送看預行各館教師先將番文底本送部以憑驗對

一分館業查得九館所習番文各異而註以漢

字亦互相有無若一體考譯則有無其字者將何以應合於考試之日公同於九館番文底本內揭出一段令其譯寫又各館事務繁簡不同亦難一槩均取合於事繁者多取數名事簡者少取數名如有一館無人習學者則於別館當取有餘之數補之令入館之後改習其業仍于考卷首行明寫某館譯字以便稽查等因奉

世宗皇帝聖旨依擬行欽此已經欽遵外今該前

因通查案呈到部看得少傅兼太子太傅吏
部尚書中極殿大學士沈一貫等題稱各館
並無一名譯字生習學及韃靼暹羅二館量
增名數欲照嘉靖四十五年舊例考取各官
世業子弟分館習譯一節爲照韃靼女直西
番西天回回百夷高昌緬甸八百九館譯字
生嘉靖四十五年考取七十五名至萬曆六
年尚有官生五十餘人其時增設暹羅一館
通共考取二十一名迄今十館止存教師等

官十八員並無一名譯字生爲韃靼館事繁
差多暹羅館傳習未廣誠宜收考作養量增
名數旣經閣臣題奉
欽依合候
命下臣等查照嘉靖四十五年題
准考收禁約事例行移翰林院轉行四彛館將各
官名下真正世業子弟年十五歲以上二十
歲以下資質通敏者開送前來仍令各官互
相保結本部選擇年貌相應者當堂雜出漢

字單雙各十五字令其翻譯番文公同驗封
分別三等收取其韃靼暹羅二館照依閣臣
題
請量增名數如番文未能通曉臣等必不敢濫收
以求足額通將取中試卷進呈恭候
聖明裁定臣等發館習譯施行
萬曆三十一年五月二十六日題二十九日
奉
聖旨依議行欽此

三十二年六月二十四日該禮部署部事左
侍郎李　考中譯字生馬尚禮等九十四
名二十七日奉
聖旨是這世業子弟你每既考取停當都着送館
作養

天啓五年八月題選譯字生稿
少傅兼太子太師吏部尚書建極殿大學士
臣顧秉謙等謹
題爲譯學缺人懇乞照例題
請收取以永傳習事據提督四彝館太常寺少卿
綦謙貞李逢節呈稱據女直館教師光祿寺
署丞等官樊于陛等呈稱本館世業番書職
專習譯書寫
勅諭辨驗來文應對九彝壯觀一統似不可一日

鈌人者自萬曆三十二年考取得譯字生馬
尚禮等九十四名迄今二十餘年升沉代謝
每館見任教師止有二三員而八百館今已
故絶傳習無人每遇譯寫來文囘
欽諭少則尚可苟完多則動稱堆積責任旣專推
委無詞況即今得人猶待九年三試中式者
方作成材乃堪任使干係匪輕館事未可虛
應教習登容久曠伏乞准照馬尚禮等事例
題

請收考以備作養等因到館看得十館之有譯學
所以通彝夏之情示
皇明之盛事實重矣業有專習人難久虛委不可
一日缺人今考取已過二十餘年各館止有
一二人且有故絶今譯習之無從覓者若遇
急用黙無一官罪將誰諉合無俯從各官所
呈查照萬曆三十二年事例題
請恭候
命下容令本館教師各具重甘結狀保舉各官下

嫡親世業子弟聽禮部考試選其年青質敏
通曉本業者分撥各館肄業庶傳繼不廢辨
譯有人等因到閣臣等竊惟譯字官生專爲
譯寫番文而設彛情
國體關係匪輕今經二十餘年舊業荒落若不
及時收取早爲肄習誠恐將來譯學無傳難
備緩急之用曠廢可虞委如少卿楊譓貞等
所慮者相應依擬題
請及查韃靼館除本館職業外無譯女直番文差

繁事多八百館見今故絶併應增數伏乞
勑下禮部查照萬曆三十二年事例考取各官下
世業子弟分館習譯但念歷時既久候考人
多合無通行量增名數以備作養緣係譯學
缺人懇乞照例題
請收取以永傳習事理臣等未敢擅便謹題請
旨奉
聖旨是禮部知道
禮部尚書兼翰林院學士臣李思誠等謹奏

爲譯學缺人懇乞照例題
請收取以永傳習事該本部儀制清吏司案呈奉
本部送禮科抄出少傳兼太子太師吏部尚
書建極殿大學士顧秉謙等題據提督四彝
館太常寺少卿暴謙貞李逢節呈稱據女直
等館教師等官樊于陛等呈稱譯字生專爲
辨驗番文應對九彝自萬曆三十二年收選
至今二十餘年中多事故所存僅餘一二譯
業無傳而八百館今已故絕韃靼館差繁事

多懇乞題
請收考等因到館呈送到閣臣等查照萬曆三十
二年考收事例相應依擬題
請切令各館候考人多合無量增名數等因奉
聖旨是禮部知道欽此欽遵抄出到部送司案呈
到部看得譯字生自萬曆三十二年考收至
今二十餘年中多事故更遷所存僅餘一二
世業無傳耑譯且廢例應收考作養今該少
傅兼太子太師吏部尚書建極殿大學士顧

秉謙等題稱各館乏人繼業而八百館今已
故絕韃靼兼譯女直差繁事劇各館候考人
多量增名數一節爲照譯字官生專爲辨驗
番文書寫
勅諭應對九彝所關彝情
國體良非渺小旣經閣臣題奉
欽依臣等遵照萬曆三十二年事例具題考收謹
將條欵開具上
請其禁約事例查嘉靖迄萬曆所關條分縷析雖

詳畧少異而精嚴慎甚無能增加要在着實
遵行毋作空言則遴選自公情弊自絶是在
臣等力持而已伏乞
勅下臣等於本部公同會考分別去取通將取中
考卷
進呈恭候
聖裁臣等發館習譯
計開
一選世業本部行移翰林院轉行四彝館收考

各官名下世業子弟年十五歲以上二十歲以下資質通敏者開送前來仍令各官互相保結本部選擇年資相應者當堂雜出漢字单雙各十五字令其番譯番文公同驗封分列三等收取其各館俟考人多照依閣臣題
請量增名數如番文未能通曉臣等必不敢濫收以求足額伏乞
聖裁
一嚴保勘行令各館教師各將本館見在各官

及曾任而物故退閑者的親世業子弟取具
重甘執結親赴本部投遞間有本館教師故
絶許隣館保之本部嚴加審覈果無詐冒方
准收考仍於考試之日許各生面訐如有前
弊即將本生并保送者一併送問脫或一時
倖免日後被人告發或查訪得出不論入館
年月久近仍行問革爲民原保教師一體連
坐伏乞
聖裁

一絕干請本部先行禁約敢有鑽求窺伺及轉
爲干請係官員者指名叅奏治以重罪不係
官員者即於本部門首枷號一月滿日送法
司擬罪伏乞
聖裁
一嚴考試查得先年試法甚踈致通關節且止
考以七言絕句一首旣係成語則或預擬而
牘合者今於考試之日嚴加搜檢封鎖防範
其試字不用舊句臨時雜出漢文三十字令

譯番文仍設彌封官一員卷完時先行彌封
然後送看預行各館教師先將番文底本送
部以憑驗對伏乞
聖裁
一分館業查得十館所習番文各異而註以漢
字亦互相有無若一體考譯則有無其字者
將何以應合於考試之日公同於十館番文
底本內揭出一段令其譯寫又各館事務繁
簡不同亦難一槩均取合於事繁者多取數

名事簡者少取數名如有一館無人習學者
則於别館當取有餘之數補之令入館之後
改習其業仍於考卷首行明寫某館譯字以
便稽查伏乞
聖裁
天啓五年八月初十日題十三日奉
聖旨是依擬行欽此本月二十三日考中譯字生
韓永禎等九十四名二十六日奉
聖旨是送館作養

嘉靖元年禮部題覆嚴規制稿

禮部尚書毛　等題爲嚴規制以成譯學事看得提督四彝館卿楊一漢題博收取以求眞才嚴歲叅以治頑懶陟賢能以勵後學處不才以杜倖位等四事臣等會同翰林院議擬開立前件上請定奪奉

聖旨是准擬欽此

計開

一博收取以求眞才照得各館缺人習譯該

禮部選取民間俊秀及世業子弟送館教習一經選用賢否併留以次聽考授官此譯學所由以不精也今莫如廣收少留如缺一人則收二人教習一年賢否既分則留其賢者如二人俱可則留其一送其一於別館以補不足之數俱不可則俱退而另取補于他館俱容臣等具呈

內閣行

前件查得弘治三年二月內節該太傅兼太

子太師英國公張懋題申明禁革奸弊處置
彛情等事內稱永樂年間爲因各國彛人來
京朝貢無人曉識番文所以設立四彛館延
三十年矣不曾選取子弟乞
勅禮部合無查照先年事例選取官民子弟或年
幼監生送館等因該本部看得各館官子弟
俱係禮部并
內閣大臣奏
准收習三年會同六部等衙門堂上官第其高下

定與冠帶食糧授職並無不經由禮部并
內閣衙門徑自奏
請食糧除官等因覆題奉
孝宗皇帝聖旨准議欽此已經行移翰林院查照
去後續該少傅兼太子太師吏部尚書謹身
殿大學士劉　等題前事內稱四彝館選取
子弟監生在前多係禮部掌行及本院訪有
相應人員奏取教習令次除教師仍聽禮部
及臣等訪舉教譯外子弟監生合無着禮部

查照先年事例及今各館文書繁簡分定數目於監生內選取年二十五歲以下二十名子弟年二十歲以下及世業子弟曾經習熟者准其不拘年數考取通一百名俱送本院分撥習學其曾習舉業者非精通本等番譯縱堪入試亦不准理如此庶使人志有定而譯字可眞他日備用不致失悞等因題奉

孝宗皇帝聖旨是欽此及查得正德三年五月內節該提督四彝館太常寺卿劉璣等題爲預

養譯字生以備任使事節奉
武宗皇帝聖旨是這選用習學子弟禮部會該衙
門揀選有了來說欽此欽遵該本部覆題奉
武宗皇帝聖旨是著翰林院掌印官會同揀選欽
此欽遵外為照選取譯字生俱因本館缺人
題
准訪選本部會官考收俱奉有前項
欽依今奏前因臣等再難別議
一嚴歲叅以治頑懶照得本館官員多京中仕

宦之家及貴遊子弟入館之後勤懶相半有一月無故不到四五卯者有託病給假而實無病者臣等雖立法懲治稍從嚴抑而彼此倣效全不羞愧爲今之計合無定爲歲終之例凡一月之內官生無故不到四五卯者歲終查實叅奏中間託病給假者作不到月期扣筭問罪罰俸取自

上裁

前件查得弘治三年五月內該少傅兼太子

太師吏部尚書謹身殿大學士劉　等題爲

公務事內稱四譯館教師既承

欽定之命務要用心教譯使各生徒習有成効不

負

朝廷作養斯爲稱職如或因循怠懶教譯不精以

致監生子弟輕視懶於進學有悞任使聽臣

等叅奏治罪等因奉

孝宗皇帝聖旨是欽此今奉前因看得各館官生

委的怠懶立法當嚴合無今後官生凡一年

之內無故不到館及託病給假在家者三箇月以裏本館提督官行令該城兵馬查勘務取該司官吏及本官隣佑同館官生重甘結狀回報如果患病是實行令復館准作日期其三箇月之上者不論患病真假照依官員告病事例開糧除俸不准實歷待病痊勘明復館方筭日期中間再有虛詐者聽提督官年終指實參奏以懲懶惰

一陟賢能以勵後學照得女直等館譯字官楊

武劉璋莊文思三員各六年已滿考中冠帶
在館習學臣等看得楊武等賦性明敏制行
純謹堂考疊次俱優譯規着實遵守就八館
官生中視之實賢能者也如蒙乞
勑該部查與臣等所舉相同不待九年習滿量授
一官以爲衆勸葢賢愚同滯則人不知勉故
假此以待能者
前件查得弘治三年五月内節該少傅兼太
子太師吏部尚書謹身殿大學士劉　等

題前事內開子弟務要專一習學本等藝業
精通彝語諳曉番文以備任用不許假以爲
字習舉爲由別圖出身不務本等番譯俟三
年後本院行移禮部會官考試中者作食糧
子弟月給米一石習又過三年後仍照前例
會考中優等者與冠帶作譯字官月仍給米
一石又過三年會考優等者授以序班職事
等因奉
孝宗皇帝聖旨是欽此欽遵外看得三年食糧六

年冠帶九年授職係是舊例原各館堂考俱有譯規遵守俱本等職業若不待年限陞官原非舊制今奏前因臣等再難別議

一處不才以杜倖位照得各館官生凡送考食糧等項不中俱有再習再考之例是固

朝廷寬大之恩但臣等以爲各生平時在館同業同師臨考抄題又彼此傳說考宜無不中者然中間有等愚頑不學屢考無成若仍容聽考終知無用以臣之見合無今後考不中者

各量其年以爲處置如習過三年者給以冠帶榮身六年九年者授以應得職事俱令回籍免其終身差役蓋倖位者多則人視官職爲常立此以勵不能者

前件査得弘治三年五月內節該少傅兼太子太師吏部尚書謹身殿大學士劉　等題前事內開初試不中者許過三年再試再試不中者許過六年三試三試不中者黜退爲民等因奉

孝宗皇帝聖旨是欽此今奏前因看得各館官生

凡送考食糧等項不中俱有再試之例固

朝廷寬大之恩也但各生中間委有愚頑不學屢

考無成者若容再試終知無用合無今後習

學三年考不中者徑黜爲民六年冠帶不中

者給以冠帶榮身九年授職考不中者授以

應得職事俱令回籍閑住免其終身差役其

有資稟年歲相應量終有成者聽翰林院酌

量方許再試臨考之時仍行錦衣衛嚴督官

較用心看守不許傳說則精通者不得以售
人而僥倖者不得以濫進矣
嘉靖元年八月初十日

增定館則 卷之十二

三

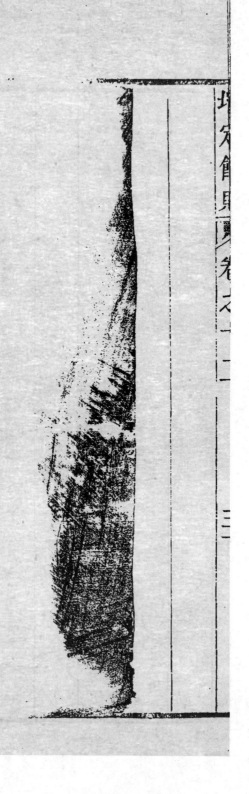

嘉靖二十一年題革黃緣譯字生稿

少保兼太子太保禮部尚書武英殿大學士

掌部事嚴　一本考試譯字生乞

賜查革先年黃緣奸弊以正國法以清仕途事該

本部題該翰林院開送四彝館譯字生叢德

等八十名習學三年已滿例該考試等因奉

聖旨是欽此爲照考選譯字生例該閣臣出題會

同六部并都察院堂上官於

午門裏考試中式者准與食糧不中者革退爲

民臣嵩備員內閣正司出題考較但臣切思
嘉靖十六年四月臣初任禮部前項童生係
臣選送入館節經言官論列謂所選之人有
京城富商子弟在內因此劾臣有私緣此例
初行公卿貴臣部院科道皆有子弟親識求
預選者各遞名帖到臣彼臣初任事體未諳
見得例不考文字只選幼童資質稍可者送
館習學三年滿日方定去留是臣委的輕忽
聽從不甚覆究其來歷之詳後因被言始訪

知果有商人富戶且如郭元梓郭元材京師
之富商也一家二人而分託閣部兩處各送
帖到臣初不省槩與收取迄今被其所累此
事言官亦知臣無干但其意在攻臣故屢屢
假此爲言臣向嘗奏辨有云他人獲利臣受
惡名此臣所以切齒腐心而不勝憤恨者也
然臣昔者已誤今日豈容再誤今各生係考
選食糧之日臣又適司考校若復隱忍不言
照常考留此輩則是前日果有賄情至今又

爲曲防始終皆是臣之所爲臣之罪過愈益
深矣而曰吾本無愧伊誰信之臣是以昧死
輸露悃情瀆聞
天聽臣於近日訪得數內郭元梓郭元材曹金田
獲王詔蔣縉喻承恩張述郭瀚朱光祖李宏
陳選張宗召潘儒劉鑰麗棟俞縉戴翰韓景
隆翟廷相蔡廷相陸九思柴可禎柴志學委
係京師富商巨室貲產鉅萬名迹尤著臣於
此輩自始至今並無一面之識俱係先年當

軸大臣央托筆蹟見存言之恐傷
國體臣思含垢納汙亦無不可但前項市井汙濁
之徒鑽刺夤緣玷汙名器人情共憤
國法所不可容者也今此若不查革是彼擁挾貲
賂倚藉要權坐取廩秩自謂得計將來効尤
者終無所懲創矣伏乞
聖明特賜
命下將郭元梓等二十四名不許與考徑自黜革
爲民此外各生尚多宦家子弟比之商賈雖

若有間大抵屢經論議若再留之終於事體有礙合無盡行黜革以正士風惟復嚴加考試其譯字差謬者照例革退爲民或業有頗通量爲留用十數名以充任使伏乞

宸斷施行庶奸弊革而仕路清臣汗枉亦得少伸矣奉

聖旨覽卿奏朕具悉郭元梓等二十四名納賄賓緣情實可惡本當究治姑從輕都革了役着爲民其餘嚴加考試務要精通量爲留用該

衙門知道

嘉靖二十一年十二月初三日

增定館則　卷之十二

三四

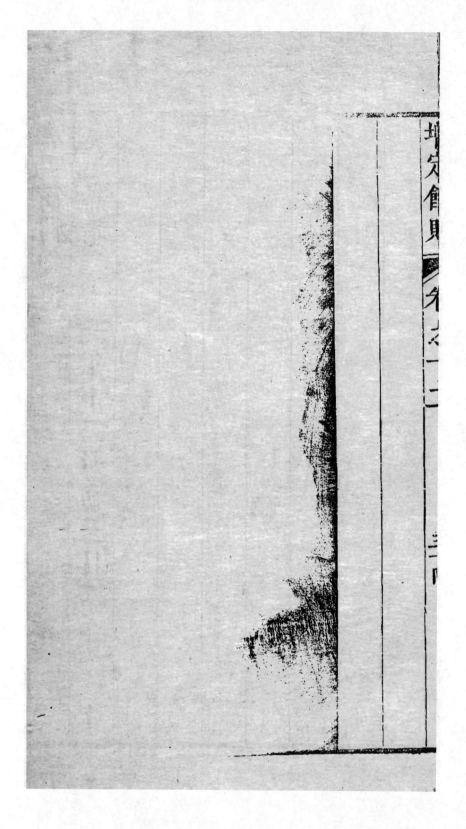